# Contents

# a

**adult**
l'**adulte** *m/f*

**after**
**après**
*after* lunch
*après* le déjeuner

**afternoon**
l'**après-midi** *m/f*
at three o'clock in the
**afternoon**
à trois heures de
l'**après-midi**

**again**
**encore une**
**fois**
*Try* **again**!
*Essaie* **encore**
**une fois**!

**airport**
l'**aéroport** *m*

**alien**
l'**extra-**
**terrestre** *m*

**alphabet**
l'**alphabet** *m*

**ambulance**
l'**ambulance** *f*

**and**
**et**
*my brother*
**and** *me*
*mon frère*
**et** *moi*

**animal**
l'**animal** *m*
(les animaux *pl*)

**apple**
la **pomme**

**arm**
le **bras**

**ask**
**demander à**
**Ask** somebody.
**Demande à** quelqu'un.

# b

**balloon**
le **ballon**

**bed**
le **lit**

**banana**
la **banane**

**baby**
le **bébé**

**basket**
le **panier**

**bedroom**
la **chambre**

**bad**
**mauvais,**
**mauvaise**
*bad* weather
le *mauvais* temps

**bath**
le **bain**

**before**
**avant**
*before* three o'clock
*avant* trois heures

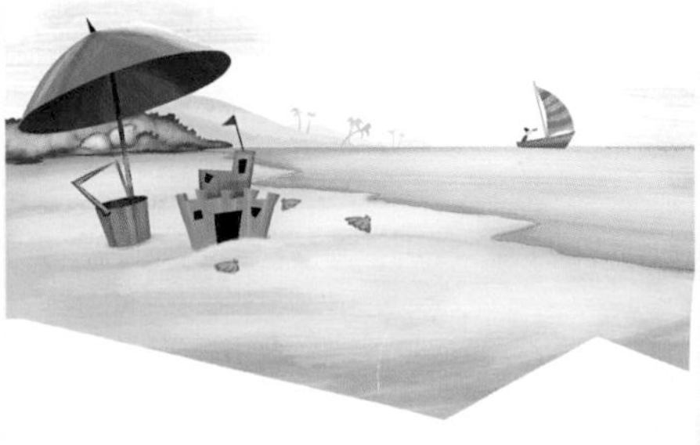

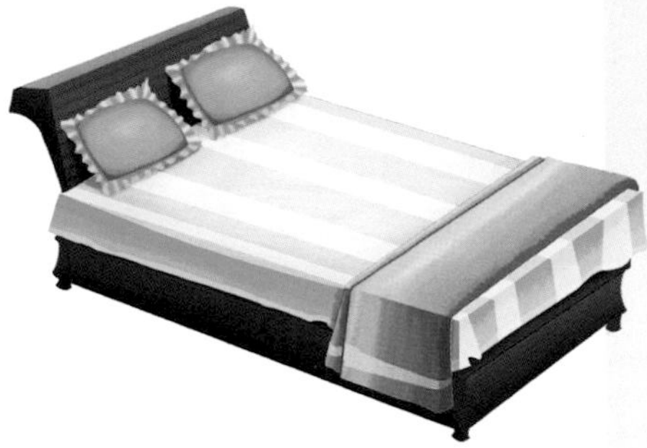

**bag**
le **sac**

**beach**
la **plage**

**bicycle**
le **vélo**

**ball**
le **ballon**

**big**
**grand,**
**grande**
*a **big** house*
*une **grande** maison*

**blanket**
la **couverture**

**book**
le **livre**

**blue**
**bleu,**
**bleue**
*a **blue** dress*
*une robe **bleue***

**boot**
la **botte**

**bird**
l'**oiseau** *m*
(les oiseaux *pl*)

**birthday**
l'**anniversaire** *m*

**boat**
le **bateau**
(les bateaux *pl*)

**box**
la **boîte**

**boy**
le **garçon**

**black**
**noir,**
**noire**
*a **black** car*
*une voiture **noire***

**body**
le **corps**

**bread**
le **pain**

**breakfast**
le **petit déjeuner**

**bridge**
le **pont**

**brother**
le **frère**

**bucket**
le **seau**
(les seaux *pl*)

**burger**
le **hamburger**

**bring**
**apporter**

*Could you **bring** me a glass of water?*

*Tu peux m'**apporter** un verre d'eau?*

**bus**
le **bus**

**butter**
le **beurre**

**butterfly**
le **papillon**

**buy**
**acheter**

*She's **buying** bread.*
*Elle **achète** du pain.*

5

# C

**cake**
le **gâteau**
(les gâteaux *pl*)

**calendar**
le **calendrier**

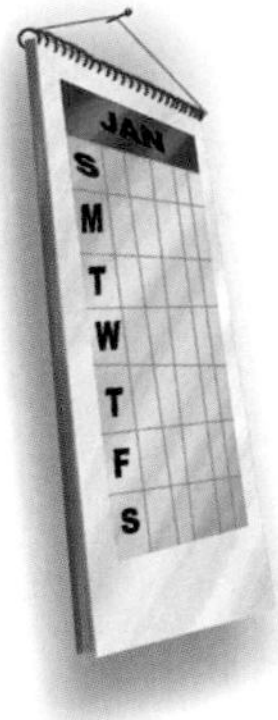

**call**
**appeler**
*Call* this number.
*Appelle* ce numéro.

**candle**
la **bougie**

**cap**
la **casquette**

**car**
la **voiture**

**card**
la **carte**

**carpet**
la **moquette**

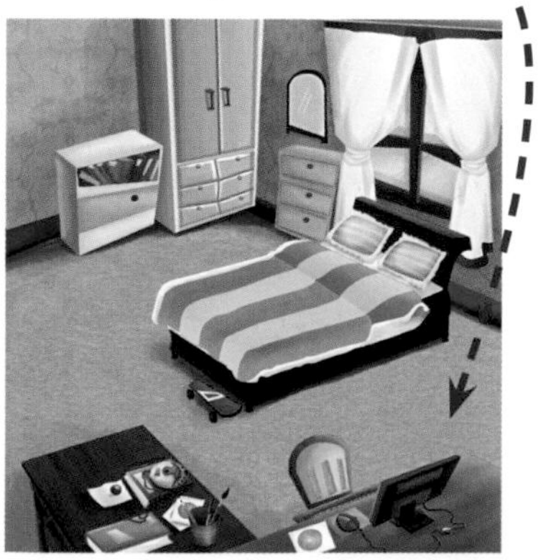

**carrot**
la **carotte**

**castle**
le **château**
(les châteaux *pl*)

**cat**
le **chat**

**chair**
la **chaise**

**cheese**
le **fromage**

**chicken**
le **poulet**

## child
l'**enfant** *m/f*

## circle
le **cercle**

## clock
le **réveil**

## clothes
les **vêtements**
*mpl*

## chocolate
le **chocolat**

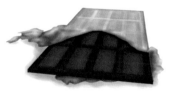

## circus
le **cirque**

## classroom
la **classe**

## cloud
le **nuage**

## chopsticks
les **baguettes** *fpl*

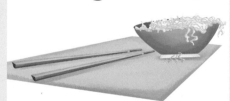

## cinema
le **cinéma**

## clean
**propre**
*a **clean** shirt*
*une chemise **propre***

## clown
le **clown**

**coat**
**le manteau**
(les manteaux *pl*)

**coffee**
**le café**

**cold**
**froid,**
**froide**
The water's **cold**.
L'eau est **froide**.

**come**
**venir**
**Come** with me.
**Viens** avec moi.

**computer**
**l'ordinateur** *m*

**cook**
**cuisiner**
I can **cook**.
Je sais **cuisiner**.

**costume**
**le costume**

**countryside**
**la campagne**

**cow**
**la vache**

**cry**
**pleurer**
Why **are** you **crying**?
Pourquoi tu **pleures**?

**curtain**
**le rideau**
(les rideaux *pl*)

# d

**dad**
le **papa**

**daughter**
la **fille**

**day**
le **jour**
*What **day** is it today?*
*Quel **jour** sommes-nous?*

**dinner**
le **dîner**

**dinosaur**
le **dinosaure**

**dance**
**danser**
*I like **dancing**.*
*J'aime **danser**.*

**dessert**
le **dessert**

**dictionary**
le **dictionnaire**

**dirty**
**sale**
*My shoes are **dirty**.*
*Mes chaussures sont **sales**.*

**dangerous**
**dangereux,**
**dangereuse**
*It's **dangerous**!*
*C'est **dangereux**!*

**difficult**
**difficile**
*It's **difficult**.*
*C'est **difficile**.*

**do**
**faire**
*What **are** you **doing**?*
*Qu'est-ce que tu **fais**?*

**doctor**
le **médecin**

**door**
la **porte**

**dream**
le **rêve**

**dog**
le **chien**

**downstairs**
**en bas**
*I'm **downstairs**!*
*Je suis **en bas**!*

**dress**
la **robe**

**doll**
la **poupée**

**drink**
**boire**
*Drink your milk.*
*Bois ton lait.*

**dragon**
le **dragon**

**dolphin**
le **dauphin**

**duck**
le **canard**

**draw**
**dessiner**
*Draw a house.*
*Dessine une maison.*

**DVD**
le **DVD**

a b c **d** e f g h i j k l m n o p q r s t u v w x y z

# e

**egg**
l'**œuf** *m*

**evening**
le **soir**
at six o'clock in the **evening**
à six heures du **soir**

**ear**
l'**oreille** *f*

**elephant**
l'**éléphant** *m*

**every**
**tout,**
**toute**
(tous *pl*)
**every** day
**tous** les jours

**Earth**
la **Terre**

**email**
le **mail**

**easy**
**facile**
It's **easy**!
C'est **facile**!

**exercise**
l'**exercice** *m*

**eat**
**manger**
I **eat** a lot of sweets.
Je **mange** beaucoup
de bonbons.

**empty**
**vide**
The bottle is **empty**.
La bouteille est **vide**.

**eye**
l'**œil** *m*
(les yeux *pl*)

# f

**father**
le **père**

**fire**
le **feu**
(les feux *pl*)

**face**
la **figure**

**favourite**
**préféré,**
**préférée**

*Blue's my **favourite** colour.*
*Ma couleur **préférée**,*
*c'est le bleu.*

**fireworks**
le **feu**
d'**artifice**

**fairy**
la **fée**

**family**
la **famille**

**find**
**trouver**

*I can't **find** my bag.*
*Je ne **trouve** plus mon sac.*

**first**
**premier,**
**première**
*the **first** day*
*le **premier** jour*

**fast**
**vite**
*You walk **fast**.*
*Tu marches **vite**.*

**finger**
le **doigt**

**fish**
le **poisson**

**floor**
*Sit **on the floor**.*
*Assieds-toi **par terre**.*

**flower**
la **fleur**

**fly**
la **mouche**

**food**
la **nourriture**

**football**
le **football**

**forest**
la **forêt**

**fork**
la **fourchette**

**fridge**
le **frigo**

**friend**
l'**ami** *m*,
l'**amie** *f*

**frog**
la **grenouille**

**from**
de
*a letter **from** my friend*
*une lettre **de** mon ami*

**fruit**
le **fruit**

**full**
plein,
pleine
*The bottle's **full**.*
*La bouteille est **pleine**.*

**funny**
drôle
*It's very **funny**.*
*C'est très **drôle**.*

# g

**game**
le **jeu**
(les jeux *pl*)

**garage**
le **garage**

**garden**
le **jardin**

**ghost**
le **fantôme**

**giant**
le **géant**

**giraffe**
la **girafe**

**girl**
la **fille**

**give**
**donner**
*Give me the book, please.*
**Donne**-moi le livre,
*s'il te plaît.*

**glass**
le **verre**

**glasses**
les **lunettes** *fpl*

**glove**
le **gant**

**glue**
la **colle**

## go
### aller
*Where **are** you **going**?*
*Où **vas**-tu?*

## goodbye
### au revoir!

## grow
### grandir
*Haven't you **grown**!*
*Comme tu **as grandi**!*

## goat
### la **chèvre**

## grapes
### le **raisin**

## guinea pig
### le **cochon d'Inde**

## grass
### l'**herbe** f

## goldfish
### le **poisson rouge**

## guitar
### la **guitare**

## ground
*We sat **on the ground**.*
*Nous nous sommes assis **par terre**.*

## good
### bon, bonne
*That's a **good** idea.*
*C'est une **bonne** idée.*

a b c d e f **g** h i j k l m n o p q r s t u v w x y z

15

# h

## hair
les **cheveux** mpl
*He's got black **hair**.*
*Il a les **cheveux** noirs.*

## hairdresser
le **coiffeur**,
la **coiffeuse**

## hamster
le **hamster**

## hand
la **main**

## happy
heureux,
heureuse
*She is **happy**.*
*Elle est **heureuse**.*

## hard
dur,
dure
*This cheese is very **hard**.*
*Ce fromage est très **dur**.*

## hat
le **chapeau**
(les chapeaux pl)

## have
avoir
*I **have** a bike.*
*J'**ai** un vélo.*

## head
la **tête**

## hear
entendre
*I can't **hear** you.*
*Je ne t'**entends** pas.*

## hedgehog
le **hérisson**

## helicopter
l'**hélicoptère** m

## hello
bonjour!

**here**
**ici**
*I live **here**.*
*J'habite **ici**.*

**horse**
le **cheval**
(les chevaux *pl*)

**house**
la **maison**

**hospital**
l'**hôpital** *m*
(les hôpitaux *pl*)

**hungry**
*I'm hungry.*
*J'ai faim.*

**hide**
**se cacher**
*She's **hiding** under the bed.*
*Elle **se cache** sous le lit.*

**hot**
**chaud,**
**chaude**
*a **hot** bath*
*un bain **chaud***

**holiday**
les **vacances** *fpl*
*We're on **holiday**.*
*Nous sommes en **vacances**.*

**hurry up**
***Hurry up**, children!*
***Dépêchez-vous**, les enfants!*

**homework**
les **devoirs** *mpl*

**hour**
l'**heure** *f*

**husband**
le **mari**

a b c d e f g **h** i j k l m n o p q r s t u v w x y z

# i

# j

**jigsaw**
le **puzzle**

**job**
le **travail**

**ice cream**
la **glace**

**jacket**
la **veste**

**juice**
le **jus**

*I'd like some orange **juice**.*
*Je voudrais du **jus** d'orange.*

**idea**
l'**idée** *f*

**jam**
la **confiture**

**insect**
l'**insecte** *m*

**jeans**
le **jean**

**island**
l'**île** *f*

**jump**
**sauter**

*Jump!*
*Saute!*

# k

**keep**
**garder**
*You can **keep** the book.*
*Tu peux **garder** le livre.*

**kind**
**gentil,**
**gentille**
*a **kind** person*
*une personne **gentille***

**king**
le **roi**

**kiss**
le **bisou**
*Give me a **kiss**.*
*Fais-moi un **bisou**.*

**key**
la **clé**

**kid**
le/la **gosse** *m/f*

**kitchen**
la **cuisine**

**kite**
le **cerf-volant**

**kitten**
le **chaton**

**knee**
le **genou**
(les genoux *pl*)

**knife**
le **couteau**
(les couteaux *pl*)

**know**
**savoir**
*I don't **know**.*
*Je ne **sais** pas.*

**l**

**lady**
la **dame**

**lake**
le **lac**

**lamb**
l'**agneau** *m*
(les agneaux *pl*)

**lamp**
la **lampe**

**laptop**
le **portable**

**late**
**en retard**
*I'm **late** for school.*
*Je suis **en retard**
pour l'école.*

**laugh**
**rire**
*Why **are** you **laughing**?*
*Pourquoi tu **ris**?*

**learn**
**apprendre**
*I'**m learning** to dance.*
*J'**apprends** à danser.*

**leg**
la **jambe**

**lemon**
le **citron**

**less**
**moins**
*I've got **less** than him!*
*J'en ai **moins** que lui!*

**letter**
la **lettre**

**light**
la **lumière**

a b c d e f g h i j k **l** m n o p q r s t u v w x y z

## like
### aimer
*I **like** cherries.*
*J'**aime** les cerises.*

## live
### habiter
*I **live** here.*
*J'**habite** ici.*

## look
### regarder
*__Look at__ the picture.*
*__Regarde__ cette image.*

## loud
### fort,
### forte
*It's too **loud**.*
*C'est trop **fort**.*

## lion
### le lion

## lose
### perdre
*I'**ve lost** my purse.*
*J'**ai perdu** mon porte-monnaie.*

## love
### aimer
*I **love** you.*
*Je t'**aime**.*

## listen
### écouter
*__Listen__ to me!*
*__Écoute__-moi!*

## lucky
*You're **lucky**!*
*Tu as de la chance!*

## lost
### perdu,
### perdue
*I'm **lost**.*
*Je suis **perdu**.*

## little
### petit,
### petite
*a **little** girl*
*une **petite** fille*

## lunch
### le déjeuner

a b c d e f g h i j k **l** m n o p q r s t u v w x y z

21

# m

**magician**
**le magicien**

**make**
**faire**
*I'm going to **make** a cake.*
*Je vais **faire** un gâteau.*

**man**
**l'homme** m

**many**
**beaucoup de**
*He hasn't got **many** friends.*
*Il n'a pas **beaucoup**
**d'**amis.*

**market**
**le marché**

**meal**
**le repas**

**meat**
**la viande**

**medicine**
**le médicament**

**meet**
**rencontrer**
*I **met** my friend in town.*
*J'**ai rencontré** mon amie
en ville.*

**mermaid**
**la sirène**

**mess**
**le bazar**

**milk**
**le lait**

**money**
**l'argent** m

**monkey**
le **singe**

**monster**
le **monstre**

**month**
le **mois**
*What **month** is it?*
*Quel **mois** sommes-nous?*

**moon**
la **lune**

**more**
**plus de**
*There are **more** girls than boys.*
*Il y a **plus de** filles que de garçons.*

**morning**
le **matin**
*at seven o'clock in the **morning***
*à sept heures du **matin***

**mother**
la **mère**

**motorbike**
la **moto**

**mountain**
la **montagne**

**mouse**
la **souris**

**mouth**
la **bouche**

**mum**
la **maman**

**music**
la **musique**

# n

**name**
le **nom**

**need**
avoir besoin
de
*I **need** a rubber.*
**J'ai besoin d'**une gomme.

**neighbour**
le **voisin**,
la **voisine**

**newspaper**
le **journal**
(les journaux *pl*)

**next**
prochain,
prochaine
*the **next** street on the left*
*la **prochaine** rue à gauche*

**nice**
gentil,
gentille
*He's **nice**.*
*Il est **gentil**.*

**night**
la **nuit**

**noise**
le **bruit**

**nose**
le **nez**
(les nez *pl*)

**nothing**
rien
*He does **nothing**.*
*Il ne fait **rien**.*

**now**
maintenant
*Do it **now**!*
*Fais-le*
***maintenant**!*

**number**
le **numéro**

**123**

**nurse**
l'**infirmier** *m*,
l'**infirmière** *f*

# o

## of
### de
*some photos **of** my family*
*des photos **de** ma famille*

## old
### vieux, vieille
*an **old** dog*
*un **vieux** chien*

## only
### seul, seule
*my **only** dress*
*ma **seule** robe*

## open
### ouvrir
*Can I **open** the window?*
*Est-ce que je peux **ouvrir** la fenêtre?*

## other
### autre
*on the **other** side of the street*
*de l'**autre** côté de la rue*

# p

## page
### la page

## paint
### peindre
*I'm going to **paint** it green.*
*Je vais le **peindre** en vert.*

## paper
### le papier

**parents**
les **parents** *mpl*

**passport**
le **passeport**

**people**
les **gens** *mpl*

**pasta**
les **pâtes** *fpl*

**park**
le **parc**

**peas**
les **petits pois** *mpl*

**pet**
l'**animal** *m*
(les animaux *pl*)

**photo**
la **photo**

**party**
la **fête**

**pen**
le **stylo**

**pencil**
le **crayon**

**piano**
le **piano**

a b c d e f g h i j k l m n o **p** q r s t u v w x y z

26

**picnic**
le **pique-nique**

**plane**
l'**avion** m

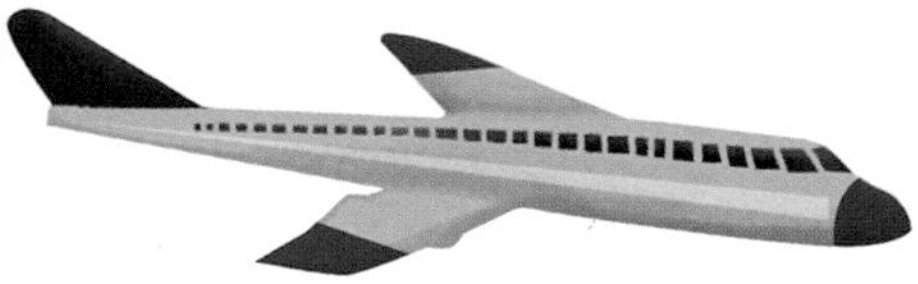

**pocket**
la **poche**

**plant**
la **plante**

**pocket money**
l'**argent de poche** m

**picture**
le **dessin**

**plate**
l'**assiette** f

**play**
**jouer**
*I* **play** *tennis.*
*Je* **joue** *au tennis.*

**police**
la **police**

**pirate**
le **pirate**

**playground**
l'**aire de jeux** f

**pony**
le **poney**

**pizza**
la **pizza**

**postcard**
la **carte postale**

**pretty**
**joli,**
**jolie**

a **pretty** dress
une **jolie** robe

**puppet**
la **marionnette**

**postman**
le **facteur**

**prince**
le **prince**

**puppy**
le **chiot**

**pushchair**
la **poussette**

**potato**
la **pomme**
**de terre**

**present**
le **cadeau**
(les cadeaux *pl*)

**princess**
la **princesse**

**pyjamas**
le **pyjama**

a
b
c
d
e
f
g
h
i
j
k
l
m
n
o
p
q
r
s
t
u
v
w
x
y
z

# q

# r

**rainbow**
**l'arc-en-ciel** m

**queen**
la **reine**

**quick**
**rapide**
*a quick lunch*
*un déjeuner rapide*

**quiet**
**tranquille**
*a quiet little town*
*une petite ville tranquille*

**rabbit**
le **lapin**

**race**
la **course**

**radio**
la **radio**

**rain**
la **pluie**

**read**
**lire**
*I read a lot.*
*Je lis beaucoup.*

**ready**
**prêt,**
**prête**
*Breakfast is ready.*
*Le petit déjeuner est prêt.*

**red**
**rouge**
*a red T-shirt*
*un tee-shirt rouge*

29

**remember**
**se souvenir de**
*I can't remember his name.*
*Je ne me souviens pas de son nom.*

**right**
**bon,**
**bonne**
*It isn't the right size.*
*Ce n'est pas la bonne taille.*

**robot**
**le robot**

**rocket**
**la fusée**

**restaurant**
**le restaurant**

RESTAURANT

**ring**
**la bague**

**river**
**la rivière**

**room**
**la pièce**

**rice**
**le riz**

**road**
**la route**

**run**
**courir**
*Run!*
*Cours!*

**rich**
**riche**
*He's very rich.*
*Il est très riche.*

a b c d e f g h i j k l m n o p q r s t u v w x y z

30

# S

## sandwich
le **sandwich**

## say
dire

*What **did** you **say**?*
*Qu'est-ce que tu **as dit**?*

## second
deuxième

## sad
triste

*Don't be **sad**.*
*Ne sois pas **triste**.*

## school
l'**école** *f*

## see
voir

*I **can see** her car.*
*Je **vois** sa voiture.*

## same
même

*They're in the **same** class.*
*Ils sont dans la **même** classe.*

## scissors
les **ciseaux** *mpl*

## sell
vendre

*He's **selling** his bike.*
*Il **vend** son vélo.*

## sand
le **sable**

## sea
la **mer**

## send
### envoyer
*Send me an email.*
*Envoie-moi un mail.*

## shadow
### l'ombre *f*

## sheep
### le mouton

## shirt
### la chemise

## shoe
### la chaussure

## shop
### le magasin

## shorts
### le short

## shout
### crier
*Don't shout, children!*
*Ne criez pas, les enfants!*

## show
### montrer
*Show me the photos.*
*Montre-moi les photos.*

## shower
### la douche

## sick
### malade
*He is sick.*
*Il est malade.*

## sing
### chanter
*I sing in the choir.*
*Je chante dans la chorale.*

## sister
### la sœur

## sit
## s'asseoir
*Can I **sit** here?*
*Je peux **m'asseoir** ici?*

## skin
## la peau

## skirt
## la jupe

## sky
## le ciel

## sleep
## dormir
*My cat **sleeps** in a box.*
*Mon chat **dort** dans une boîte.*

## slow
## lent,
## lente
*The tortoise is very **slow**.*
*La tortue est très **lente**.*

## smell
## sentir
*Mmm, that **smells** good!*
*Mmm, ça **sent** bon!*

## smile
## le sourire

## snail
## l'escargot *m*

## snake
## le serpent

## snow
## la neige

## snowman
## le bonhomme
## de neige

## soap
## le savon

a
b
c
d
e
f
g
h
i
j
k
l
m
n
o
p
q
r
**s**
t
u
v
w
x
y
z

33

**sock**
**la chaussette**

**soup**
**la soupe**

**spoon**
**la cuillère**

**sofa**
**le canapé**

**spaceship**
**le vaisseau spatial**

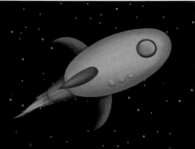

**sport**
**le sport**

**son**
**le fils**

**speak**
**parler**

*Do you **speak** English?*
*Est-ce que tu **parles** anglais?*

**square**
**le carré**

**stairs**
**l'escalier** *m*

**sorry**
**pardon!**

**spider**
**l'araignée** *f*

**star**
**l'étoile** *f*

a b c d e f g h i j k l m n o p q r s t u v w x y z

## station
## la **gare**

## stick
## coller
***Stick*** *it onto the paper.*
***Colle****-le sur le papier.*

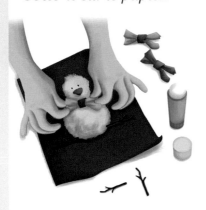

## sticker
## l'**autocollant** *m*

## stone
## la **pierre**

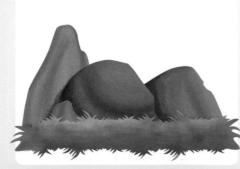

## stop
## arrêter
***Stop****, that's enough!*
***Arrête****, ça suffit!*

## story
## l'**histoire** *f*

## street
## la **rue**

## strong
## fort,
## forte
*She's very **strong**.*
*Elle est très **forte**.*

## sun
## le **soleil**

## supermarket
## le **supermarché**

## surprise
## la **surprise**
*What a **surprise**!*
*Quelle **surprise**!*

## swim
## nager
*I can **swim**.*
*Je sais **nager**.*

## swimming
## pool
## la **piscine**

# t

## tall
### haut, haute
*a very **tall** building*
*un très **haut** immeuble*

## telephone
### le téléphone

## table
### la table

## television
### la télévision

## take
### prendre
**Take** a card.
**Prends** une carte.

## taxi
### le taxi

## text message
### le SMS

## tea
### le thé

## talk
### parler
*You **talk** too much.*
*Tu **parles** trop.*

## teddy bear
### le nounours

## thank you
### merci!

## think
**penser**

*What **are** you **thinking** about?*
*À quoi tu **penses**?*

## third
**troisième**

*the **third** prize*
*le **troisième** prix*

## tie
**la cravate**

## tiger
**le tigre**

## tired
**fatigué, fatiguée**

*I'm **tired**.*
*Je suis **fatigué**.*

## toast
**le pain grillé**

## today
**aujourd'hui**

*It's Monday **today**.*
***Aujourd'hui** c'est lundi.*

## together
**ensemble**

## toilet
**les toilettes** *fpl*

## tomato
**la tomate**

## tomorrow
**demain**

*See you **tomorrow**!*
*À **demain**!*

## tooth
**la dent**

## toothbrush
**la brosse à dents**

a b c d e f g h i j k l m n o p q r s **t** u v w x y z

**toothpaste**
le **dentifrice**

**toy**
le **jouet**

**tree**
l'**arbre** m

**tortoise**
la **tortue**

**triangle**
le **triangle**

**tractor**
le **tracteur**

**towel**
la **serviette**

**trousers**
le **pantalon**

**train**
le **train**

**town**
la **ville**

**T-shirt**
le **tee-shirt**

**treasure**
le **trésor**

a b c d e f g h i j k l m n o p q r s **t** u v w x y z

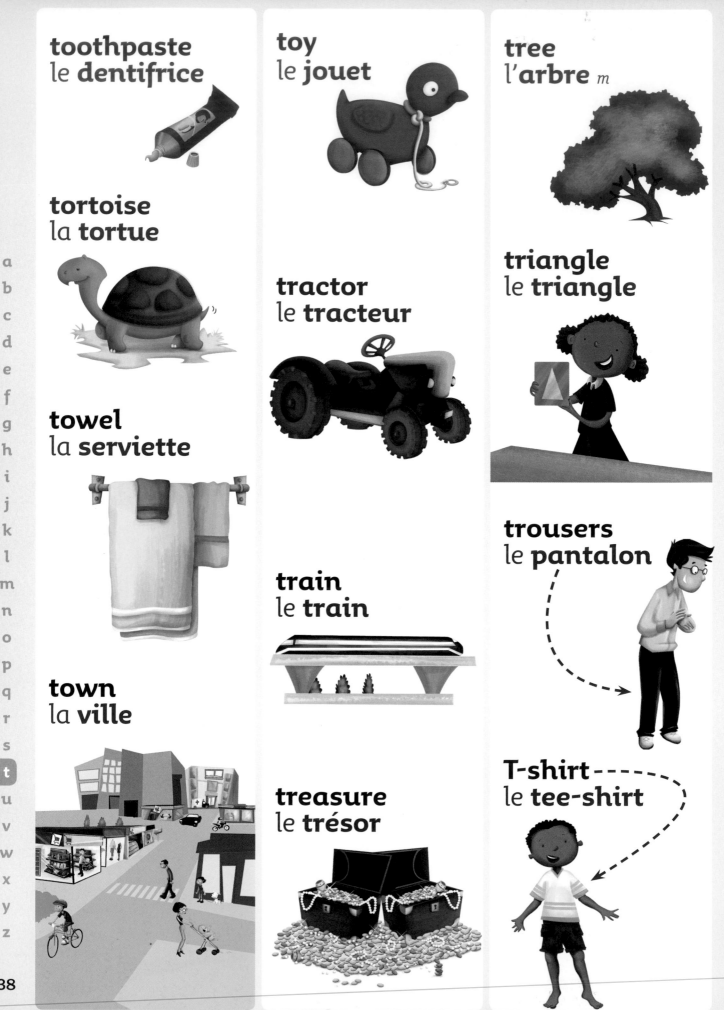

# u

## umbrella
**le parapluie**

## understand
**comprendre**
*I don't **understand**.*
*Je ne **comprends** pas.*

## uniform
**l'uniforme** *m*

## up
**en haut**
*The cat is **up** on the roof.*
*Le chat est **en haut** sur le toit.*

## upstairs
**en haut**

# v

## vanilla
**la vanille**
*vanilla ice cream*
*la glace à la **vanille***

## vegetable
**le légume**

## very
**très**
*very small*
*très petit*

## vet
**le/la vétérinaire** *m/f*

## video game
**le jeu vidéo**

## visit
**visiter**
*We're going to **visit** the castle.*
*Nous allons **visiter** le château.*

# w

## wall
### le mur
*There are posters on the wall.*
*Il y a des posters au mur.*

## watch
### la montre

## water
### l'eau *f*

## wait
### attendre
*Wait for me!*
*Attends-moi!*

## want
### vouloir
*Do you want some cake?*
*Tu veux du gâteau?*

## wave
### la vague

## wake up
### se réveiller
*Wake up!*
*Réveille-toi!*

## warm
### chaud, chaude
*warm water*
*l'eau chaude*

## wear
### porter
*He's wearing a hat.*
*Il porte un chapeau.*

## walk
### marcher
*He walks fast.*
*Il marche vite.*

## wash
### se laver
*Wash your hands!*
*Lave-toi les mains!*

## webcam
### la webcam

## website
## le site web

## week
## la semaine
*I play football every week.*
*Je joue au football chaque semaine.*

## weekend
## le week-end
*I play tennis at the weekend.*
*Je joue au tennis le week-end.*

## welcome
## bienvenue!

## well
## bien
*She played well.*
*Elle a bien joué.*

## wheelchair
## le fauteuil roulant

## white
## blanc,
## blanche
*My shirt is white.*
*Ma chemise est blanche.*

## wife
## la femme

## wild
## sauvage
*a wild animal*
*un animal sauvage*

## win
## gagner
*I always win.*
*Je gagne tout le temps.*

## wind
## le vent

## window
## la fenêtre

**winner**
le **gagnant,**
la **gagnante**

**witch**
la **sorcière**

**with**
avec
*Come **with** me.*
*Viens **avec** moi.*

**without**
sans
***without** a coat*
***sans** manteau*

**wolf**
le **loup**

**woman**
la **femme**

**word**
le **mot**

**work**
travailler
*She **works** in a bank.*
*Elle **travaille** dans une banque.*

**world**
le **monde**

**write**
écrire
*I'm **writing** to my friend.*
*J'**écris** à mon ami.*

**wrong**
faux,
fausse
*This answer is **wrong**.*
*Cette réponse est **fausse**.*

# x

# y

## young
## jeune
*She's young.*
*Elle est jeune.*

## X-ray
## la radio

## year
## l'an *m*
*I'm seven years old.*
*J'ai sept ans.*

## yellow
## jaune
*I'm wearing yellow shorts. Je porte un short jaune.*

# z

## zebra
## le zèbre

## xylophone
## le xylophone

## yesterday
## hier
*I was late yesterday.*
*J'étais en retard hier.*

## zoo
## le zoo

a
b
c
d
e
f
g
h
i
j
k
l
m
n
o
p
q
r
s
t
u
v
w
x
y
z

# Les animaux
# Animals

le **chat**
cat

le **crocodile**
crocodile

le **zèbre**
zebra

l'**éléphant** *m*
elephant

le **serpent**
snake

le **pingouin**
penguin

44    la **girafe**
giraffe

le **loup**
wolf

le **lézard**
lizard

le **cheval**
horse

la **vache**
cow

le **chien**
dog

le **lion**
lion

l'**hippopotame** *m*
hippo

le **panda**
panda

le **tigre**
tiger

l'**oiseau** *m*
bird

le **lapin**
rabbit

le **poisson**
fish

le **mouton**
sheep

le **singe**
monkey

le **kangourou**
kangaroo

45

# La ville
# Town

la **boulangerie**
bakery

la **banque**
bank

le **supermarché**
supermarket

la **rue**
street

le **magasin**
shop

l'**hôpital** *m*
hospital

la **gare**
station

la **poste**
post office

le **parc**
park

**l'avion** *m*
plane

**le bus**
bus

**le train**
train

**la voiture**
car

**le vélo**
bicycle

**le restaurant**
restaurant

**le cinéma**
cinema

**le musée**
museum

**le trottoir**
pavement

**le marché**
market

# L'école
# School

la **gomme**
rubber

le **taille-crayon**
sharpener

la **trousse**
pencil case

l'**élève** *m/f*
pupil

le **cartable**
schoolbag

la **cour de récréation**
playground

le **toboggan**
slide

le **tourniquet**
roundabout

la **balançoire**
swing

la **classe**
classroom

le **crayon**
pencil

le **stylo**
pen

la **règle**
ruler

le **cahier**
exercise book

le **poster**
poster

la **chaise**
chair

l'**ordinateur** *m*
computer

le **bureau**
desk

le **placard**
cupboard

le **tableau interactif**
interactive whiteboard

le **professeur**
teacher

49

# La maison
# House

le **grenier**
attic

le **garage**
garage

la **chambre**
bedroom

la **salle à manger**
dining room

la **salle de bains**
bathroom

l'**escalier** *m*
stairs

le **salon**
living room

le **toit**
roof

la **cuisine**
kitchen

le **bureau**
study

la **porte**
door

la **fenêtre**
window

le **jardin**
garden

# La chambre
# Bedroom

le **réveil**
alarm clock

le **lit**
bed

le **jouet**
toy

l'**ordinateur** *m*
computer

le **lecteur de CD**
CD player

la **table de chevet**
bedside table

la **commode**
chest of drawers

l'**étagère** *f*
bookshelf

les **rideaux** *mpl*
curtains

l'**armoire** *f*
wardrobe

la **lampe**
lamp

le **miroir**
mirror

le **pyjama**
pyjamas

l'**oreiller** *m*
pillow

la **couette**
duvet

les **chaussons** *mpl*
slippers

le **bureau**
desk

51

# La nourriture
# Food

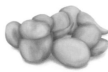

les **chips** *fpl*
crisps

le **biscuit**
biscuit

l'**eau** *f*
water

l'**assiette** *f*
plate

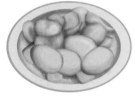

la **tasse**
cup

le **couteau**
knife

la **fourchette**
fork

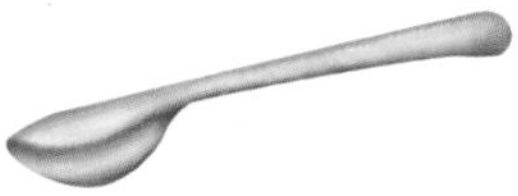

la **cuillère**
spoon

la **pomme**
apple

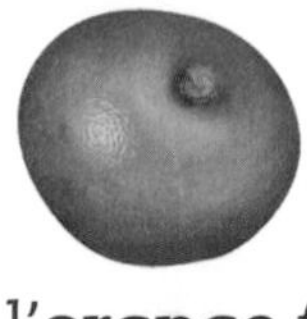

l'**orange** *f*
orange

les **carottes** *fpl*
carrots

la **salade**
salad

le **beurre**
butter

le **fromage**
cheese

les **frites** *fpl*
chips

la **glace**
ice cream

le **pain**
bread

le **hamburger**
burger

le **poulet**
chicken

le **jus de fruits**
fruit juice

le **lait**
milk

les **pâtes** *fpl*
pasta

le **sandwich**
sandwich

la **pizza**
pizza

le **riz**
rice

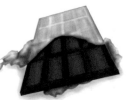
le **chocolat**
chocolate

# Bon anniversaire!
# Happy birthday!

le **gâteau**
cake

l'**amie** *f*
friend

l'**ami** *m*
friend

la **mamie**
grandma

le **papi**
granddad

les **chips** *fpl*
crisps

la **limonade**
lemonade

le **ballon**
balloon

l'**appareil photo** *m*
camera

la **bougie**
candle

le **papa**
dad

la **maman**
mum

la **sœur**
sister

le **cadeau**
present

les **bonbons** *mpl*
sweets

le **frère**
brother

55

# Le corps
# Body

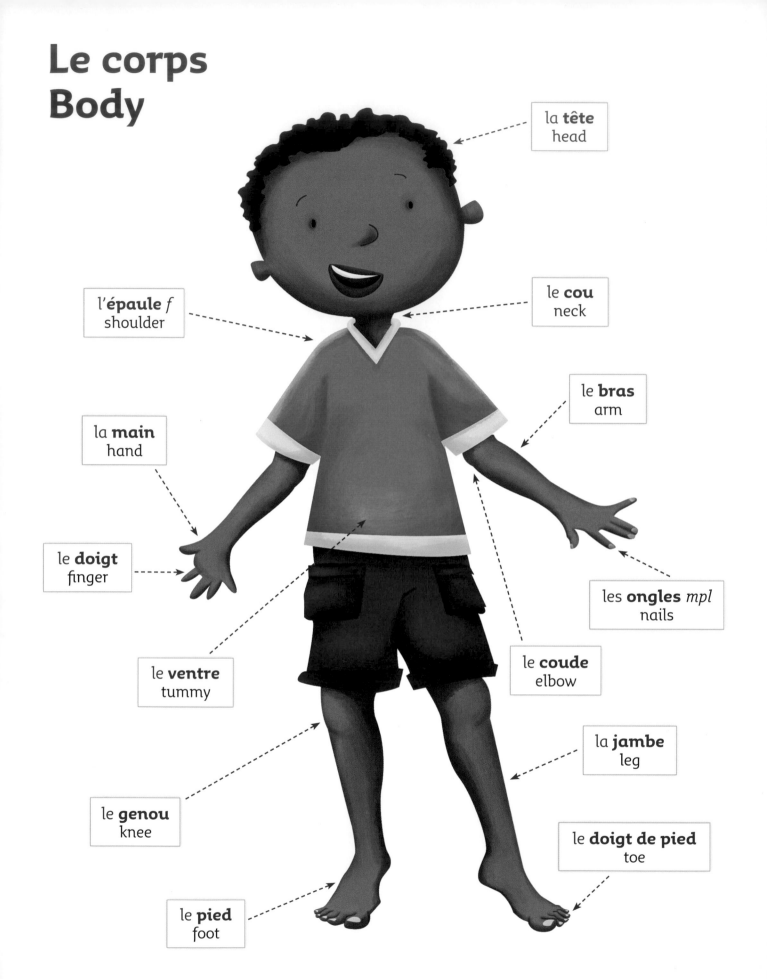

la **tête**
head

le **cou**
neck

l'**épaule** *f*
shoulder

le **bras**
arm

la **main**
hand

le **doigt**
finger

les **ongles** *mpl*
nails

le **ventre**
tummy

le **coude**
elbow

la **jambe**
leg

le **genou**
knee

le **doigt de pied**
toe

le **pied**
foot

# Le visage
# Face

les **cheveux** *mpl*
hair

l'**œil** *m* (les yeux *pl*)
eye

l'**oreille** *f*
ear

la **lèvre**
lip

le **nez**
nose

la **bouche**
mouth

la **joue**
cheek

les **dents** *fpl*
teeth

le **menton**
chin

# Les couleurs
# Colours

**noir, noire**
black

**bleu, bleue**
blue

**marron**
brown

**vert, verte**
green

**gris, grise**
grey

**bleu marine**
navy

**orange**
orange

**rose**
pink

**violet, violette**
purple

**rouge**
red

**blanc, blanche**
white

**jaune**
yellow

# Les vêtements
# Clothes

le **sweat**
sweatshirt

la **robe**
dress

la **veste**
jacket

le **jean**
jeans

l'**écharpe** *f*
scarf

les **gants** *mpl*
gloves

le **manteau**
coat

le **pull**
jumper

les **chaussures** *fpl*
shoes

la **chemise**
shirt

les **chaussettes** *fpl*
socks

la **casquette**
cap

les **bonnet
de laine**
woolly hat

le **haut**
top

le **collant**
tights

le **pantalon**
trousers

le **tee-shirt**
T-shirt

la **jupe**
skirt

les **baskets** *fpl*
trainers

# Les descriptions
# Describing people

J'ai chaud.
I'm hot.

J'ai froid.
I'm cold.

J'ai faim.
I'm hungry.

J'ai sommeil.
I'm sleepy.

J'ai soif.
I'm thirsty.

Je suis heureuse.
I'm happy.

Je suis triste.
I'm sad.

Je suis intelligente.
I'm intelligent.

# Les conversations
## Conversations

# Qu'est-ce que tu aimes faire?
# What do you enjoy doing?

J'aime...
I like...

**danser**
dancing

**chanter**
singing

**jouer de la guitare**
playing guitar

**jouer du piano**
playing piano

**jouer au foot**
playing football

**faire du vélo**
riding my bike

**jouer au basket**
playing basketball

**regarder la télévision**
watching television

**écouter de la musique**
listening to music

**peindre**
painting

**jouer aux jeux vidéo**
playing video games

**dessiner**
drawing

**jouer au tennis**
playing tennis

**nager**
swimming

# Les mois de l'année
# Months of the year

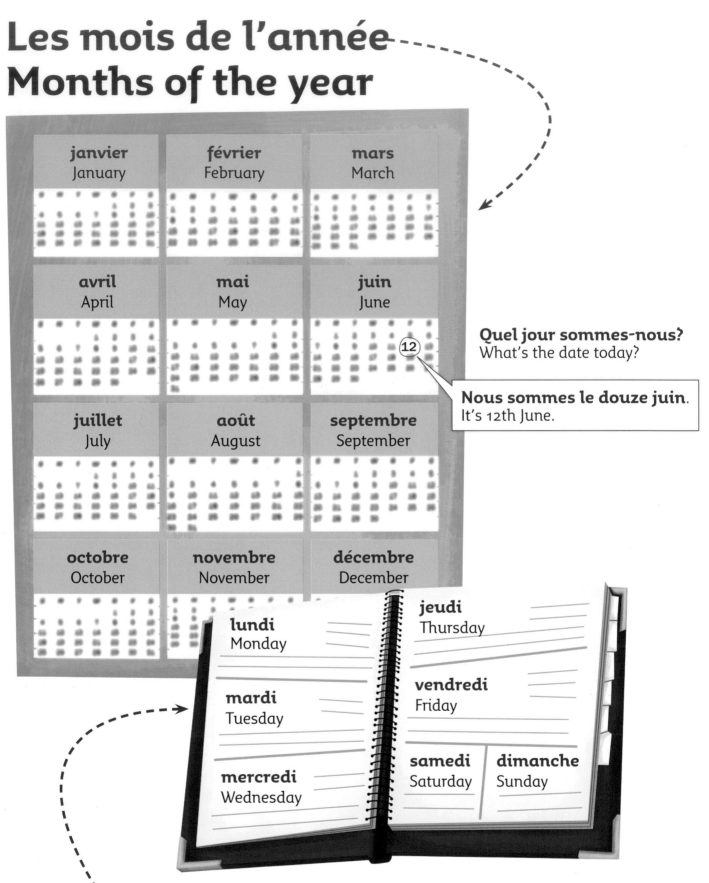

| janvier January | février February | mars March |
| avril April | mai May | juin June |
| juillet July | août August | septembre September |
| octobre October | novembre November | décembre December |

**Quel jour sommes-nous?**
What's the date today?

**Nous sommes le douze juin.**
It's 12th June.

**lundi** Monday

**mardi** Tuesday

**mercredi** Wednesday

**jeudi** Thursday

**vendredi** Friday

**samedi** Saturday

**dimanche** Sunday

# Les jours de la semaine
# Days of the week

# Les saisons
# Seasons

**le printemps**
spring

**l'été** *m*
summer

**l'automne** *m*
autumn

**l'hiver** *m*
winter

# Quel temps fait-il?
# What's the weather like?

**Il fait gris**.
It's cloudy.

**Il fait froid**.
It's cold.

**Il y a du brouillard**.
It's foggy.

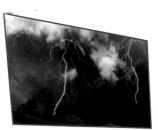
**Il gèle**.
It's icy.

**Le ciel est couvert**.
It's overcast.

**Il pleut**.
It's raining.

**Il neige**.
It's snowing.

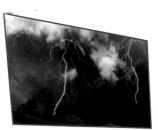
**Le temps est orageux**.
It's stormy.

**Il y a du vent**.
It's windy.

**Il fait chaud**.
It's hot.

**Il y a du soleil**.
It's sunny.

**Il fait beau**.
It's nice.

# Les nombres
# Numbers

| | | | |
|---|---|---|---|
| 0 zéro | 10 dix | 20 vingt | 80 quatre-vingts |
| 1 un | 11 onze | 21 vingt et un | 81 quatre-vingt-un |
| 2 deux | 12 douze | 22 vingt-deux | 82 quatre-vingt-deux |
| 3 trois | 13 treize | 30 trente | 90 quatre-vingt-dix |
| 4 quatre | 14 quatorze | 40 quarante | 91 quatre-vingt-onze |
| 5 cinq | 15 quinze | 50 cinquante | 100 cent |
| 6 six | 16 seize | 60 soixante | 101 cent un |
| 7 sept | 17 dix-sept | 70 soixante-dix | 200 deux cents |
| 8 huit | 18 dix-huit | 71 soixante et onze | 250 deux cent cinquante |
| 9 neuf | 19 dix-neuf | 72 soixante-douze | 1000 mille |

# Quelle heure est-il?
# What's the time?

**une heure**
one o'clock

**une heure dix**
ten past one

**une heure et quart**
quarter past one

**une heure et demie**
half past one

**deux heures moins vingt**
twenty to two

**deux heures moins le quart**
quarter to two

# À quelle heure...?
# What time...?

**à onze heures et quart**
at quarter past eleven

**à midi**
at midday

**à une heure**
at one o'clock

**à six heures**
at six o'clock

**à neuf heures moins le quart**
at quarter to nine

**à minuit**
at midnight

# Où sont-ils?
# Where are they?

Le chien est **derrière** la télévision.
The dog is **behind** the television.

La voiture est **devant** la maison.
The car is **in front of** the house.

Le chat est **en haut** sur le toit.
The cat is **up** on the roof.

La souris est **en bas** dans la cave.
The mouse is **down** in the cellar.

L'oiseau est **loin de** l'arbre.
The bird is **far away from** the tree.

L'arbre est **près de** la maison.
The tree is **near** the house.

Elle va **de** la maison **à** l'école.
She is going **from** the house **to** the school.

Il est **ici**.
He is **here**.

Elle est **là**.
She is **there**.

Attends-moi **dehors**.
Wait for me **outside**.

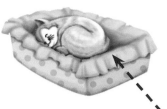

Le chat est **dans** la boîte.
The cat is **in** the box.

Il sort **du** jardin.
He is coming **out of**
the garden.

Il saute **dans**
la piscine.
He is jumping **into**
the pool.

Elle est **à l'intérieur
de** la maison.
She's **inside** the house.

La voiture tourne
**à gauche**.
The car is turning **left**.

Le vélo tourne **à droite**.
The bike is turning **right**.

Le chat est **sous** la table.
The cat is **under** the table.

Le chien est **entre** les
deux chats.
The dog is **between** the
two cats.

La banque est **en face
du** restaurant.
The bank is **opposite**
the restaurant.

Le chien est **sur** le
canapé.
The dog is **on** the
sofa.

La boulangerie est
**à côté du** supermarché.
The bakery is **next to**
the supermarket.

# Nouns

Words such as 'apple', 'bedroom' or 'friend' are called **nouns**.

In French, all nouns are either **masculine** or **feminine**. When you use a noun in French, you need to know whether it is masculine or feminine, as this changes the form of other words used with it, like:

- adjectives (such as 'nice', 'blue', 'big') that describe it
- 'the' or 'a' that come before it

Nouns can also be **plural** (meaning 'more than one').

This dictionary shows you the French words for 'the' (this can be **le**, **la**, **l'**, or **les** in the plural):

- **Masculine** words are shown with **le** in front.

**bag**
le **sac**

- **Feminine** words are shown with **la** in front.

**apple**
la **pomme**

- In front of words starting with a vowel or sometimes an 'h', **le** and **la** become **l'**. So to find out if these words are *m*asculine or *f*eminine, look for a small '*m*' or '*f*' after it.

**ambulance**
l'**ambulance** *f*

72

- Plural words are shown with **les** in front, and are followed by a small '***mpl***' for ***m**asculine **pl**ural* or '***fpl***' for ***f**eminine **pl**ural*.

## hair
### les **cheveux** *mpl*

Most words in French add an **-s** at the end when there is more than one (in the **plural**). If the plural doesn't follow this rule, then this dictionary will give you the plural of the noun, in brackets. It is called an irregular plural.

## animal
### l'**animal** *m*
(les animaux *pl*)

# Adjectives

An **adjective** is a 'describing' word (such as 'nice', 'blue', 'big') which tells you more about a noun.

In French, they mostly come **after** the noun ('a car black') but the spelling of the adjective changes depending on whether the noun it describes is masculine or feminine.

In this dictionary, you will find the **masculine** and the **feminine** forms, followed by an example:

## black
### noir, noire
*a black car*
*une voiture noire*

# Verbs

Words such as 'eat' or 'make' are called **verbs** or 'doing' words. In French the endings in verbs change much more than in English, depending on who is doing the action.

Here are a few of the main French verbs:

| **avoir** | **to have** |
|---|---|
| j'**ai** | I have |
| tu **as** | you have |
| il **a** | he has |
| elle **a** | she has |
| nous **avons** | we have |
| vous **avez** | you have |
| ils **ont** | they have |
| elles **ont** | they have |

| **être** | **to be** |
|---|---|
| je **suis** | I am |
| tu **es** | you are |
| il **est** | he is |
| elle **est** | she is |
| nous **sommes** | we are |
| vous **êtes** | you are |
| ils **sont** | they are |
| elles **sont** | they are |

| **aller** | **to go** |
|---|---|
| je **vais** | I go |
| tu **vas** | you go |
| il **va** | he goes |
| elle **va** | she goes |
| nous **allons** | we go |
| vous **allez** | you go |
| ils **vont** | they go |
| elles **vont** | they go |

| **faire** | **to do** |
|---|---|
| je **fais** | I do |
| tu **fais** | you do |
| il **fait** | he does |
| elle **fait** | she does |
| nous **faisons** | we do |
| vous **faites** | you do |
| ils **font** | they do |
| elles **font** | they do |

| **regarder** | **to look at, to watch** |
|---|---|
| je regard**e** | I look at |
| tu regard**es** | you look at |
| il regard**e** | he looks at |
| elle regard**e** | she looks at |
| nous regard**ons** | we look at |
| vous regard**ez** | you look at |
| ils regard**ent** | they look at |
| elles regard**ent** | they look at |

**have**
**avoir**
*I **have** a bike.*
*J'**ai** un vélo.*

All verbs in this dictionary have an example to show you how to use them.

# Index

le **crayon**: pencil

**crier**: shout

la **cuillère**: spoon

la **cuisine**: kitchen

**cuisiner**: cook

## D, d

la **dame**: lady

**dangereux, dangereuse**: dangerous

**danser**: dance

le **dauphin**: dolphin

**de**: from, of

le **déjeuner**: lunch

**demain**: tomorrow

**demander à**: ask

la **dent**: tooth

le **dentifrice**: toothpaste

le **dessert**: dessert

le **dessin**: picture

**dessiner**: draw

**deuxième**: second

les **devoirs** *mpl*: homework

le **dictionnaire**: dictionary

**difficile**: difficult

le **dîner**: dinner

le **dinosaure**: dinosaur

**dire**: say

le **doigt**: finger

**donner**: give

**dormir**: sleep

la **douche**: shower

le **dragon**: dragon

**drôle**: funny

**dur, dure**: hard

le **DVD**: DVD

## E, e

l'**eau** *f*: water

l'**école** *f*: school

**écouter**: listen

**écrire**: write

l'**éléphant** *m*: elephant

**en bas**: downstairs

**en haut**: up, upstairs

**en retard**: late

**encore une fois**: again

l'**enfant** *m/f*: child

**ensemble**: together

**entendre**: hear

**envoyer**: send

l'**escalier** *m*: stairs

l'**escargot** *m*: snail

**et**: and

l'**étoile** *f*: star

l'**exercice** *m*: exercise

l'**extra-terrestre** *m*: alien

## F, f

**facile**: easy

le **facteur**: postman

**faire**: do, make

la **famille**: family

le **fantôme**: ghost

**fatigué, fatiguée**: tired

le **fauteuil roulant**: wheelchair

**faux, fausse**: wrong

la **fée**: fairy

la **femme**: wife, woman

la **fenêtre**: window

la **fête**: party

le **feu** (les **feux**): fire

le **feu d'artifice**: fireworks

la **figure**: face

la **fille**: daughter, girl

le **fils**: son

la **fleur**: flower

le **football**: football

la **forêt**: forest

**fort, forte**: loud, strong

la **fourchette**: fork

le **frère**: brother

le **frigo**: fridge

**froid, froide**: cold

le **fromage**: cheese

le **fruit**: fruit

la **fusée**: rocket

## G, g

le **gagnant**, la **gagnante**: winner

**gagner**: win

le **gant**: glove

le **garage**: garage

le **garçon**: boy

**garder**: keep

la **gare**: station

le **gâteau** (les **gâteaux**): cake

le **géant**: giant

le **genou** (les **genoux**): knee

les **gens** *mpl*: people

**gentil, gentille**: kind, nice

la **girafe**: giraffe

la **glace**: ice cream

le/la **gosse** *m/f*: kid

**grand, grande**: big

**grandir**: grow

la **grenouille**: frog

la **guitare**: guitar

## H, ħ

**habiter**: live

le **hamburger**: burger

le **hamster**: hamster

**haut, haute**: tall

l'**hélicoptère** *m*: helicopter

l'**herbe** *f*: grass

le **hérisson**: hedgehog

l'**heure** *f*: hour

**heureux, heureuse**: happy

**hier**: yesterday

l'**histoire** *f*: story

l'**homme** *m*: man

l'**hôpital** *m* (les **hôpitaux**): hospital

l'**horloge** *f*: clock

## I, i

**ici**: here

l'**idée** *f*: idea

l'**île** *f*: island

l'**infirmier** *m*, l'**infirmière** *f*: nurse

l'**insecte** *m*: insect

## J, j

la **jambe**: leg

le **jardin**: garden

**jaune**: yellow

le **jean**: jeans

le **jeu** (les **jeux**): game

le **jeu vidéo**: video game

jeune: young

joli, jolie: pretty

jouer: play

le jouet: toy

le jour: day

le journal (les journaux): newspaper

la jupe: skirt

le jus: juice

# L, l

le lac: lake

le lait: milk

la lampe: lamp

le lapin: rabbit

se laver: wash

le légume: vegetable

lent, lente: slow

la lettre: letter

le lion: lion

lire: read

le lit: bed

le livre: book

le loup: wolf

la lumière: light

la lune: moon

les lunettes fpl: glasses

# M, m

le magasin: shop

le magicien: magician

le mail: email

la main: hand

maintenant: now

la maison: house

malade: sick

la maman: mum

manger: eat

le manteau (les manteaux): coat

le marché: market

marcher: walk

le mari: husband

la marionnette: puppet

le matin: morning

mauvais, mauvaise: bad

le médecin: doctor

le médicament: medicine

même: same

la mer: sea

merci: thank you

la mère: mother

moins: less

le mois: month

le monde: world

le monstre: monster

la montagne: mountain

la montre: watch

montrer: show

la moquette: carpet

le mot: word

la moto: motorbike

la mouche: fly

le mouton: sheep

le mur: wall

la musique: music

# N, n

nager: swim

la neige: snow

le nez (les nez): nose

noir, noire: black

le nom: name

le nounours: teddy bear

la nourriture: food

le nuage: cloud

la nuit: night

le numéro: number

# O, o

l'œil m (les yeux): eye

l'œuf m: egg

l'oiseau m (les oiseaux): bird

l'ombre f: shadow

l'ordinateur m: computer

l'oreille f: ear

ouvrir: open

# P, p

la page: page

le pain: bread

le pain grillé: toast

le panier: basket

le pantalon: trousers

le papa: dad

le papier: paper

le papillon: butterfly

le parapluie: umbrella

le parc: park

pardon: sorry

les parents mpl: parents

parler: speak, talk

le passeport: passport

les pâtes fpl: pasta

la peau: skin

peindre: paint

penser: think

perdre: lose

perdu, perdue: lost

le père: father

petit, petite: little

le petit déjeuner: breakfast

les petits pois mpl: peas

la photo: photo

le piano: piano

la pièce: room

la pierre: stone

le pique-nique: picnic

le pirate: pirate

la piscine: swimming pool

la pizza: pizza

la plage: beach

la plante: plant

plein, pleine: full

pleurer: cry

la pluie: rain

plus: more

la poche: pocket

le poisson: fish

le poisson rouge: goldfish

la police: police

la pomme: apple

la pomme de terre: potato

le poney: pony

le pont: bridge

le portable: laptop

la porte: door

porter: wear

le poulet: chicken

la poupée: doll

la poussette: pushchair

préféré, préférée: favourite

premier, première: first

prendre: take

prêt, prête: ready

le prince: prince

la princesse: princess

prochain, prochaine: next

propre: clean

le puzzle: jigsaw

le pyjama: pyjamas

## Q, q

quatre: four

## R, r

la radio: radio, X-ray

le raisin: grapes

rapide: quick

regarder: look

la reine: queen

rencontrer: meet

le repas: meal

le restaurant: restaurant

le rêve: dream

se réveiller: wake up

riche: rich

rien: nothing

rire: laugh

la rivière: river

le riz: rice

la robe: dress

le robot: robot

le roi: king

rouge: red

la rue: road, street

## S, s

le sable: sand

le sac: bag

sale: dirty

le sandwich: sandwich

sans: without

sauter: jump

sauvage: wild

savoir: know

le savon: soap

le seau (les seaux): bucket

la semaine: week

sentir: smell

le serpent: snake

la serviette: towel

seul, seule: only

le short: shorts

le singe: monkey

la sirène: mermaid

le site web: website

le SMS: text message

la sœur: sister

le soir: evening

le soleil: sun

la sorcière: witch

la soupe: soup

le sourire: smile

la souris: mouse

se souvenir de: remember

le sport: sport

le stylo: pen

le supermarché: supermarket

la surprise: surprise

## T, t

la table: table

le taxi: taxi

le tee-shirt: T-shirt

le téléphone: telephone

la télévision: television

la Terre: Earth

la terre: ground

la tête: head

le thé: tea

le tigre: tiger

les toilettes fpl: toilet

la tomate: tomato

la tortue: tortoise

tout, toute, (tous): every

le tracteur: tractor

le train: train

tranquille: quiet

le travail: job, work

travailler: work

très: very

le trésor: treasure

le triangle: triangle

triste: sad

troisième: third

trouver: find

## U, u

l'uniforme m: uniform

## V, v

les vacances fpl: holiday

la vache: cow

la vague: wave

le vaisseau spatial: spaceship

la vanille: vanilla

le vélo: bicycle

vendre: sell

venir: come

le vent: wind

le verre: glass

la veste: jacket

les vêtements mpl: clothes

le/la vétérinaire m/f: vet

la viande: meat

vide: empty

vieux, vieille: old

la ville: town

visiter: visit

vite: fast

voir: see

le voisin, la voisine: neighbour

la voiture: car

vouloir: want

## W, w

la webcam: webcam

le week-end: weekend

## X, x

le xylophone: xylophone

## Y, y

les yeux mpl: eyes

## Z, z

le zèbre: zebra

le zoo: zoo